DIONYSOS´ ALTAR / *ALTER*

Gedichte aus Kopenhagen und Kos

Digte fra København og Kos

FRÜHER HERAUSGEGEBEN / *TIDLIGERE UDGIVELSER:*

"Vertraue der Nacht Geheimnisse an. Gedichte",
Frieling, Berlin 1999

"De Grønne Skyggers Land. Skitser, digte, haiku fra Japan",
Forlaget Ravnerock, 2012

„Bladværk - haiku-inspirerede årstidsord",
Forlaget Ravnerock, 2019

„Jorden Ånder - livscyklus digte",
Forlaget Ravnerock, 2019

"Gendarmstien. 84 km vandring langs den dansk-tyske grænse",
Forlaget Hovedland, 2020

"Puder af mos - japanske meditationer gennem det danske år",
Forlaget Ravnerock, 2020

"Marskstien med mere. Vandringer ved Vadehavet",
Forlaget Hovedland, 2021

„Nordkyststien. Den Danske Riviera mellem Helsingør og Hundested",
Vandrebog, Forlaget Hovedland, 2022

"Fragments of life - the inner beauty. 81 poems",
Books on Demand, 2023

Ulla Conrad

DIONYSOS´ ALTAR / *ALTER*

Gedichte aus Kopenhagen und Kos

Digte fra København og Kos

DIONYSOS´ ALTAR / ALTER

Gedichte aus Kopenhagen und Kos / *Digte fra København og Kos*

Text, Illustration, Layout, Übersetzung /
Tekst, illustration, layout og oversættelse:
Ulla Conrad, www.ullaconrad.com
Korrektur (tysk): Christine Clausen /
korrektur (dansk): Ida Hamre, Helge Krarup

1. udgave, 1. oplag
ISBN: 978-87-4305-615-7
Forlag: BoD – Books on Demand, Hellerup, Danmark
Tryk: BoD – Books on Demand, Norderstedt, Tyskland
www.bod.dk

INHALT

7 I **KOPENHAGEN** *KØBENHAVN*

9 Assistenz Friedhof *Assistens Kirkegård*
10 Baumseufzer *Træernes suk*
11 Marmorkirche *Marmorkirken*
12 Hauptbahnhof *Hovedbanegården*
13 Seen der Nacht *Søer i natten*
14 Schwarze Wellen *Sorte bølger*
15 Schnee wie eine Haut *Sne som hud*
16 Lebewesen atmen *Levende væsner ånder*
17 Blaue Stunde *Blå time*
18 Andersen grüßt *Andersen hilser*
19 Goldene Lampen *Gyldne lamper*
20 Kastanienblüten *Kastanjeblomst*

23 II **BOTANISCHER GARTEN KOPENHAGEN**
BOTANISK HAVE KØBENHAVN

24 Lianen *Lianer*
26 Mondnächte *Månenætter*
27 Bienenflug *Bierne flyver*
28 Alles wird Wald *Alt bliver skov*
29 Klarer Nektar *Klar nektar*
30 Krieger Rendezvous *Kriger rendezvous*
31 Es ist Nacht *Det er nat*
32 Pfade der Phantasie *Fantasiens stier*
33 Phalaenopsis *Phalaenopsis*
34 Fleischfressend *Kødædende*
35 Treibhausträume *Drivhusdrømme*
36 Orchidéen Schnabelwesen *Orkideer*
37 Wundervogel *Drømmefugl*
38 Majaland *Majaland*
39 Heimliches Leben *Hemmeligt liv*
40 Feuchte Wärme *Fugtig varme*
41 Victoria Victoria *Victoria Victoria*
42 Fische zittern *Fiskenes sitren*

43 Kleine Fische *Små fisk*
44 Seerosen *Åkanden*
45 Wurzelwelt *Røddernes liv*
46 Zikadengezirp *Cikadesang*
47 Muschelblumen *Muslingeblomster*
48 Grüne Illusionen *Grønne illusioner*
49 Orangerie *Orangeri*
50 Ausflug nach Ungarn *Udflugt til Ungarn*
51 Apfelgärten *Æblehaver*
52 Schwertlilienhonig *Irishonning*
53 Tokaja *Tokaj*
54 Apfelbäume grüne *Æbletræer grønne*
55 Taubenfalter *Natsværmevinger*
56 Herzförmiger Grabstein *Hjerteformet gravsten*
57 Efeu rankt sich *Efeu ranker sig*

59 III **KOS** *KOS*

61 Findelkatzenkinder *Hittekillinger*
62 Mosaik *Mosaik*
63 Baumgigant *Trækæmpe*
64 Baumwurzelwelt *Trærøddernes verden*
66 Blütenwelt *Blomsternes verden*
67 Wärme und Staub *Varme og støv*
68 Die Nächte auf Kos *Nætter på Kos*
70 Mond und Brot *Måne og brød*
71 Mond und Apfelsinen *Måne og appelsiner*
72 Verbrannte Erde *Brændt jord*
75 Hafenimpressionen *Havneindtryk*
76 Balz *Fuglefrieri*
77 Bernsteinaugen *Øjne af rav*
78 Orangenduft *Orangeduft*
79 Opiummond *Opiummåne*
80 Staubiges Grün *Støvet grøn*
81 Palmengrün *Palmegrøn*

82 Über Dionysos *Om Dionysos*
83 Biographie *Biografi*

I

KOPENHAGEN

KØBENHAVN

I

ASSISTENZ FRIEDHOF

Verrankte Rosen
in bleichen Gewändern
sie liegen und denken an Zeiten
in denen Knospen sie waren
sie sprossen und Ausrufe
wie Oh und Ah um sie herum
ertönten.

Jetzt
Stille in dieser Hinsicht.
Der ständige Fluß holpriger
Schritte auf Pflaster klingt aus der
Nähe Mauern die von Farbe sich pellen
Scharniere die rosten und schmiedeeiserne
Gitter die aus Zeiten noch stehen wo Rosen
tagtäglich dufteten auf Gräbern einmal
frisch, und von Tränen
gesalzen.

ASSISTENS KIRKEGÅRD

Forvoksede roser
i blege gevandter
de ligger og tænker på tider
hvor de spirede blev knopper
og udråb som Åh og Ah
lød omkring dem.

Nu
er der tavshed i den henseende.
Den stadig hule lyd af trin
på ujævne brosten lyder i
nærheden mure hvis farve skaller af
hængsler der ruster og smedejernsgitre
der står fra tider, hvor roser
hver eneste dag duftede på grave
der engang var friske
og saltede af tårer.

BAUMSEUFZER

Dunweiche Polster aus Schnee
auf den Mauern
vom Assistenz Friedhof.

Darüber hinaus
ragen Bäume
so grau wie der Winter
und stoßen
aus der Tiefe ihrer Wurzeln
lange Seufzer hervor
Seufzer der Toten
gerichtet an uns
um uns zu erinnern
daß der Winter
noch lang ist.

TRÆERNES SUK

Dunbløde polstre af sne
på Assistens Kirkegårds
mure.

Ud over dem
strækker træer sig
så grå som himlen
og udstøder
fra deres rødders dyb
lange suk
de dødes suk
rettet mod os
for at minde os om
at vinteren er
lang endnu.

MARMORKIRCHE

Norwegischer Marmor und
100 Jahre Einsamkeit
Einsamkeit und alte Pläne
dann doch noch
ein Fundament.

Darüber erhebt sich
- menschliches Zutun erscheint
hier dann unmöglich -
eine Kuppel bläulicher Luft
unter der
schweben Engel
und Elfen
vom Echo der Schritte
unsichtbar bedroht.

MARMORKIRKEN

Norsk marmor og
100 års ensomhed
ensomhed og gamle planer
så kom der alligevel
et fundament.

Hen over det former sig
- det synes næsten umulig -
en kuppel af blå luft
under den
svæver engle
og elverfolk
usynligt truede
af lyden af trin.

HAUPTBAHNHOF

Das alte Symbol
des Hauptbahnhofes
das geflügelte Rad
schwebt über der Stadt
so kupfergrün blau.

Ich stelle mir vor
daß es eines Nachts rollt
und sich surrend und frei
auf den Straßen der Stadt
umherschiebt und guckt
erstaunt und so wunderbar rund
daß es fliegend und rollend
die Welt sich erkundet
und vielleicht einmal reicher wird
an Bildern der Nacht.

HOVEDBANEGÅRDEN

Hovedbanegårdens
gamle symbol
det bevingede hjul
svæver over byen
kobbergrønt og blåt.

Jeg forestiller mig
at det en nat ruller afsted
at det snurrende og frit
skubber sig igennem byens gader
og kigger sig forbavset rundt
at det flyvende og rullende
går på opdagelse i verden
og måske samler på billeder
af natten undervejs.

SEEN DER NACHT

Spiegelglatte Seen
in der Nacht
Wunderwelten verdoppelt
und Lichter vervielfacht
treue Kopie der Fassaden
jedes Fenster jeder Mensch
existiert zweimal
existiert mehrfach
und spiegelt sich still
in den Schlaf.

SØER I NATTEN

Spejlglatte søer
i natten
en magisk verden af lys
fordoblet og mangfoldiggjort
enhver facade
enhvert vindue
ethvert menneske
eksisterer to gange
eksisterer på flere plan
og spejler sig stille
i søvn.

SCHWARZE WELLEN

Sortedams Sø
bei Nacht.

Auf dem Weg nach Hause
von der Tangostunde
halte ich an
steige vom Rad.

Die Seen sind schwarz
mit Wellen
Schwäne schaukeln
in der Mitte
und ich
ruhe mich aus.

SORTE BØLGER

Sortedams Søen
om natten.

På vejen hjem
fra tangotimen
stopper jeg op
og står af cyklen.

Søerne er sorte
på bølgerne
i midten gynger svaner
og jeg
hviler ud.

SCHNEE WIE EINE HAUT

Schnee wie eine Haut
aus salzkaltem Zauber

Zuckerschichten klaren
Wichtelkraut grünem
als Kontrast
und Heimat
kleiner Trolle.

SNE SOM EN HUD

Sne som hud
af saltkoldt trylleri

lag af transparent sukker
nedenunder grønt elverefeu
der er er hjem for
små trolde.

LEBEWESEN ATMEN

Lebewesen atmen
tragen Wolken vor sich her.

Lebewesen sehnen sich
nach Wärme, Halt
Zufriedenheit.

Der Himmel fängt
die Kälte auf
jagt die Winde
Wolkenfund
pustet sachte
leise heimlich
uns hinter die Ohren
und mir
ins Gesicht.

LEVENDE VÆSNER ÅNDER

Levende væsner ånder
bærer små skyer foran sig.

Levende væsner længes
efter varme, tryghed
og tilfredshed.

Himlen fanger
kulden ind
jager vinde
finder skyer
puster forsigtigt
sagte hemmeligt
os bag ørene
og mig
i mit ansigt.

BLAUE STUNDE

Die Schönheit aller Lebenden
hat am Tage keine Macht
da schlafen alle Sinne
die für Schönheit
einen Sinn haben
die blaue Stunde aber
ist ihre Zeit.

Da strecken Windeswesen
ihre Fühler aus
schweben Elfenwesen
durch die Luft
das erste Baumgrün erholt sich
vom Stadtrausch
und atmet dann Bäume
durch Tore des Himmels
über den Dächern der Stadt.
Bodenfenster öffnen sich
entlassen Kammergeister
in den Fall
über Seen raus nach Westen
mit einer Sonne
so rot wie ein Ball.

BLÅ TIME

Alle væsners skønhed har
ingen magt om dagen
da sover alle sanser
som ellers har en sans
for skønhed
men den blå time
er deres tid.

Der strækker vindenes væsner
deres følehorn ud
elverv æsner svæver
igennem luften
lysegrønt forårsløv hviler ud
fra byens rus
og ånder så træer
gennem himlens porte
over byens tage.
Loftsvinduer åbner sig
lader husenes ånder falde
ud over søerne mod vest
med en sol
rød som en bold.

ANDERSEN GRÜSST

Ich hatte da dieses Erlebnis
allein auf dem Dach
und dem Blick
auf Kopenhagen.

So viele Gänge
dunkle Türen
hätte ich gedacht
existierten nur noch
in meiner Phantasie.

Nun sehe ich
über die Stadt hinaus
und fühle mich klein
über Probleme erleichtert erhoben
und sage der Sonne
über dem Stadion
Gute Nacht.

ANDERSEN HILSER

Der var en gang en oplevelse
mig alene på taget
og med udsyn
over København.

Så mange gange
og mørke døre
troede jeg kun
eksisterede
i min fantasi.

Nu ser jeg
hen over byen
og føler mig lille
hævet over problemerne
og ønsker solen
over stadion
en god nat.

GOLDENE LAMPEN

Goldene Lampen
hinter beschlagenen Fenstern
helles Holz und Palmen
im Inneren der
herrlichen Wohnungen
Østerbro's.

Und doch
warum wohnen so viele
in diesem kleinen kalten Land.

Bis wir die Fenster
wieder öffnen können
ohne zu frieren
vergeht Zeit
all zu viel Zeit.

GYLDNE LAMPER

Gyldne lamper
bag duggede ruder
lyst træ og store palmer
i en af de mange
herskabslejligheder
på Østerbro.

Og dog
hvorfor er der så mange der bor
i dette lille kolde land.

Indtil vi igen
kan åbne vinduerne
uden at fryse
går der lang tid
alt for lang tid.

KASTANIENBLÜTEN

Ich sehe auf und hoch
unter die Bäume Baumkronen
Äste Verzweigungen wie die eines Blattes
mikro makro alles wiederholt sich
im Großen im Kleinen.

Gras Ameisenkribbeln Sonne
auf den alten Wallanlagen Kopenhagens
Leute finden Nischen zum Sonnen
auf einem Abhang sieht es so aus
als sei dieser für sie nur geschaffen
und mitten in dieser Individualitet
dieser Freiheit die man heutzutage hat
blühen wieder die Kastanien
und der Flieder, der Weißdorn und Jasmin.

Zeit streckt sich wie ein Ballon und hüllt
uns ein in Holunder
Orte wirbeln herum
vertauschen sich im Augenblick
und ich wache auf
vielleicht an einem anderen Ort
in einer anderen Zeit.

Vor Frelsers Kirke,
Christianshavn

KASTANJEBLOMSTRING

Jeg ser op
under træerne trækronerne
forgreninger som ripperne i et blad
mikro makro alt gentager sig
i det store, i det små.

Græs myrekriblen og solen
på de gamle volde i København
folk finder steder til at sole sig
en skråning ser ud som om den
var som skabt for dem
og midt i denne frihed
man synes at have i dag
blomstrer igen kastanjer
og syrener, hvidtjørn og jasmin.

Tiden udvider sig som en ballon
og vikler os ind i hyldeblomst
byer hvirvler omkring
forbytter sig på et splitsekund
og jeg vågner op
måske i en anden by
i en anden tid.

II

BOTANISCHER GARTEN KOPENHAGEN

BOTANISK HAVE KØBENHAVN

Blick vom Kommunehospital auf Bot. Garten, Rosenborg Slot (Turm)

II

LIANEN

Wasser rauscht
und tropft von Bäumen Lianen
dunkles Grün liegt über allem
dampft wärmt und beschützt

Von ferne plötzlich Kinderstimmen
Majaindianer spielen am Bach
mit Kröten und Pfeilen
mit Blüten im Haar
dunkle Augen lachen
jagen sich leben.

Ein dänisches Wort schreckt mich auf
ich bin nur im
Botanischen Garten.

LIANER

Vand bruser
og drypper fra træer og lianer
det mørkegrønne ligger over alting
damper varmer og beskytter

pludselig i det fjerne barnestemmer
majaindianere leger ved floden
med frøer og pile
med blomster i håret
mørke øjne ler
jager hinanden og lever.

Et dansk ord vækker mig
jeg er bare
i Botanisk Have.

MONDNÄCHTE

Mondnächte feuchter
botanischer Gärten
wo Orangen blühen
schmerzlos

wenn du mitkommst
können auch wir schweben
Peter Pan gleich
auf dem Dach uns niederlassen
und aufs Palmenhaus unter uns
Kirschkerne spucken.

MÅNENÆTTER

Månenætter
i fugtige botaniske haver
hvor appelsinerne
blomstrer smertefrit

hvis du følger med
kan vi også svæve
som Peter Pan
sætte os på taget
og lege langspyt
med kirsebærkerner
herfra til palmehuset.

BIENENFLUG

Mit Blüten voller Pollenstaub
und Bienenköniginnen
da wollen wir fliegen
unsichtbar groß
über Bäume und Dächer
in die Höhen unserer selbst

und da uns vergessen
für drei Minuten
oder vier.

BIERNE FLYVER

Med blomster fuld af pollen
og biernes dronninger
vil vi flyve
store men usynlige
over træer og tage
ind i vores egne
nye højder

og der glemme os selv
i bare tre minutter
eller fire.

ALLES WIRD WALD

Graugrünfeucht
lianentanzend
fallen Schlingen um mein Herz
blutgrün eingefärbt
in Palmennebel Duftigkeit
alles
wird Wald.

Dran Schuld ist nur
das Dschungelbuch
Ib Michael und
meine Phantasie.

ALT BLIVER SKOV

Alt bliver skov
lianedansende
fælder falder omkring mit hjerte
indfarvet i blodgrønt
i palmetåge og duft
og alt
bliver skov.

Skylden har
junglebogen
Ib Michael og
min egen fantasi.

KLARER NEKTAR

Klarer Nektar
tropft aus Schnäbeln
kleiner Kolibries und Bienen
und im Gegenlicht
da funkelts
rein wie Gold
der heiligen
Indianer.

KLAR NEKTAR

Klar Nektar
drypper fra
kolibriers og biers næb
og i modlyset
skinner det
rent som fra de
hellige indianeres
guld.

KRIEGER RENDEZVOUS

Krieger früher Zeiten
jagen grüne Träume Türme
Majaländers Orchidéen
haben Freude aneinander
bei den Treffen
unter Palmen Dschungel
Azaléen

Athene hat Affären
mit dem Diskuswerfer
und Sandalenbinder
Amazone ist getroffen
und Narziss
sieht nur sich selbst.

KRIGER RENDEZVOUS

Tidligere tiders krigere
jager grønne drømme tårne
Majalandets orkideer
har glæde ved hinanden
når de mødes
under palmerne jungle
azalier

Athene har en affære
med diskoskasteren
og sandalbinderen
Amazone er ramt
og Narcissus
ser kun sig selv.

ES IST NACHT

Es ist Nacht
im Botanischen Garten
feuchte Nacht
von Düften schwer
der Rhododendron blüht
in dieser Zeit.

Und heute ist die Nacht
wo Athene die Artemis trifft
Tropentreibhaus ist der Ort
man wartet Mitternacht ab
und schlüpft dann
ganz heimlich
aus seiner
Denkmalhaut.

DET ER NAT

Det er Nat
i Botanisk Have
fugtig nat
tung af duft
rhododendron blomstrer
i denne tid.

Og i nat er natten
hvor Athene træffer Artemis
tropedrivhuset er stedet
man afventer midnat
og slipper så
hemmeligt ud
af sin statuehud.

PFADE DER PHANTASIE

Echo ruft und Kinder spielen
in der Tiefe dringen Augen
durchs Dickicht erbeben erleben
das Grüne als Dschungel
fühlen direkt und natürlich
legen Blättern ihre Hände auf
tauschen Kontakt aus erhalten
Energie sind eins mit dem Ganzen
sind ganz Indianer
auf Pfaden der eigenen
Phantasie.

FANTASIENS STIER

Ekko kalder og børn leger
øjnene trænger gennem
buskadsets dyb og lever
oplever det grønne som jungle
direkte og naturligt
lægger hænder på bladene
får kontakt med dem
modtager energi
er ét med det hele
er indianere på
fantasiens stier.

PHALAENOPSIS

Mir schwindelt vor Blütenduft
der Phalaenopsis Orchidé
der sich mischt mit dem Grünen
als Opfer gefangen nun hat sie mich
mit klebrigen Stoffen wehrlos gemacht
hat mich eingesaugt ich muß mich
hingeben aufgeben fallenlassen
in ihren Schlund
aus pinkrosa
Macht.

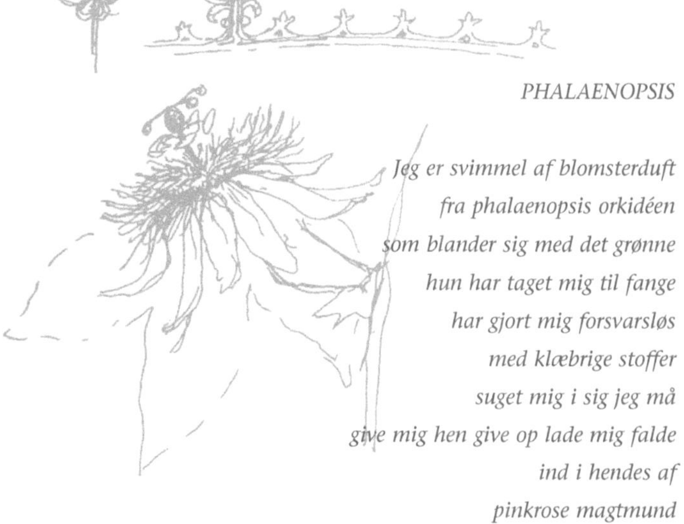

PHALAENOPSIS

Jeg er svimmel af blomsterduft
fra phalaenopsis orkidéen
som blander sig med det grønne
hun har taget mig til fange
har gjort mig forsvarsløs
med klæbrige stoffer
suget mig i sig jeg må
give mig hen give op lade mig falde
ind i hendes af
pinkrose magtmund

FLEISCHFRESSEND

Im Treibhaus im Zuchthaus
der fleischfressenden Pflanzen

man läßt mich ein
dem Verzehr
der gefährlichen scheinbar
unschuldigen Wesen
der Natur
überlassen.

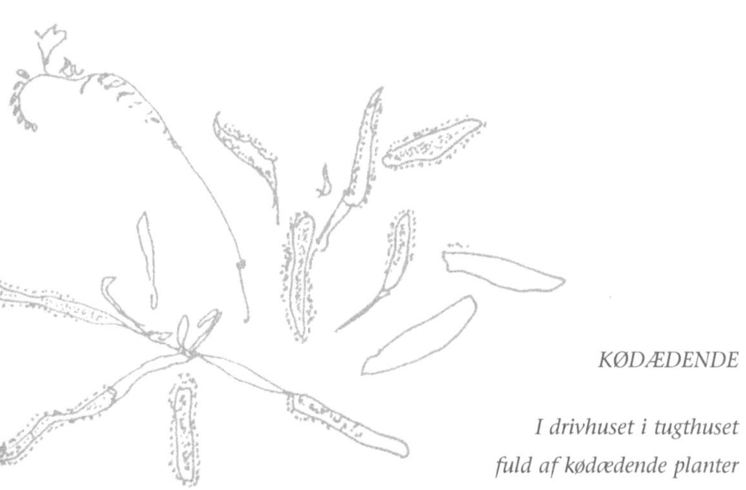

KØDÆDENDE

I drivhuset i tugthuset
fuld af kødædende planter

man giver mig adgang
og overlader mig
til at blive fortæret
af naturens farlige
kun tilsyneladende
uskyldige væsner.

TREIBHAUSTRÄUME

Netz aus Filigrantau
bedeckt moosverfilztes
Unterholz
lockt scheinbar unschuldig
Insektenwesen
nah heran und
in den Tod.

Grünlichduftend feuchte Luft
die sich wabernd
auf den Polstern lagert
meine Träume ertrinkt
und wieder hervorbringt
verändert und verflossen
verändert und warm.

DRIVHUSDRØMME

Et net af filigran dug
der dækker mosfiltret
underskov
tilsyneladende uskyldigt
lokker det insektvæsner
tæt på sig og
i døden.

Grønligt duftende fugtig luft
bølger og lægger sig
på puder af mos
drukner mine drømme
og frembringer dem igen
forandret og smeltet om
forandret og varme.

ORCHIDÉEN SCHNABELWESEN

Orchidéen Schnabelwesen
die innen so rot sind
verführerisch lockend.

Formen organisch so strömend
und farbig mit Flügeln
so hell wie es sich gehört
für Prinzessinnen der Dämmerung
des Dschungels
in sumpfigen Tiefen
in moosigen Töpfen
botanischer Gärten.

Fast lebend recken sie Zungen
und starren mich an.

Erst hinter dem Rücken
da schlagen sie zu,
erbrechen sich lachend
und töten mit giftigen Düften
die Wurzeln der Nacht.

ORKIDEER

Orkideer snabelvæsner
som er så røde indeni
forførende lokkende.

Organiske former så strømmende
og farvede med vinger
så lys som det hører sig til
for skumringens og
junglens prinsesser
i det svampede dyb
i mosklædte potter
i botaniske haver.

Næsten levende rækker de tunge
og stirrer på mig.

Først bag min ryg
slår de til
leende kaster de op
dræber nattens rødder
med dødelige gifte.

WUNDERVOGEL

Admiral du großer
Wundervogel roter
im Traum
verschmilzt du mit der gelben Blume
wirst selber gelber dabei
atmest und saugst aus ihr
und sie
gibt dir ihr Leben dafür
ihre Nachkommen ihre Zukunft
und unsere zugleich
und alles ist Augenblick
ist Ewigkeit
und Wiederholung
zugleich.

DRØMMEFUGL

Admiral du store
drømmefugl rødblafrende
i drømmen
smelter du sammen
med den gule blomst
bliver selv gulere af det
ånder og suger af hende
og hun
giver dig sit liv i bytte
sine efterkommere sin fremtid
og dermed også vores fremtid
og alt er lige-nu-og-her
er evighed
og gentagelse
på én gang.

MAJALAND

Reine Honigstimmen heller Nächte
läuten durch dschungeldunkelgrüne
Zwischenräume Nektar blitzt und duftet
zwischen Blättern, Stämmen und Lianen.

Kolonieweiße Veranda und Terrassen
schwitzen Feuchtigkeit, verotten
um Termitenschwärme, tausende
die neuen Kolonien des Reichs.

Vogellaute erreichen mein Ohr
und versinken in Musik
Töne werden eins mit der Zeit.

Ich mache mich klar
und bin bereit
für eine weitere Nacht.

MAJALAND

Lyse nætters honningstemmer
klinger gennem junglemørkegrønne
mellemrum og nektar glitrer dufter
mellem blade, stammer og lianer.

Kolonihvide verandaer og terrasser
sveder fugtighed, rådner indefra
ædes op af tusinder af termitter
der udgør rigets nye kolonier.

Fuglelyde når mit øre
og fortaber sig i musikken
toner bliver ét med tiden.

Jeg gør mig klar
og er rede
til endnu en nat.

HEIMLICHES LEBEN

Schatten atmen langsam
im Treibhaus
Arnottiana Araceae
Antherium cristallinum
helle Rippen dunkler Grund
rote Knospen ragen auf Stielen
aus schwarzfeuchtem Boden

Anchomanes lassen grüssen
aus dem Dschungel Brasiliens
versinken das Ich im Sumpf
von Luftfeuchtigkeit
Wasserrieseln
fernen Stimmen

ein plötzliches Schallen
fällt vom Dach
gleitet an Stämmen herab
wer lebt hier sein
heimliches Leben?

HEMMELIGT LIV

Skygger ånder langsomt
i drivhuset
Arnottiana Araceae
Antherium cristallinum
lyse bladripper mørk grund
røde knopper strækker sig på stilke
fra en sortfugtig jord.

Anchomanes hilser
fra Brasiliens jungle
sænker jeget ned i
luftfugtighedens sump
vandets rislen
fjerne stemmer

en pludseligt gjalden
falder fra taget
glider ned fra stammerne
hvem lever her
sit hemmelige liv?

FEUCHTE WÄRME

In paradiesischer Nacht
wo keiner schläft
außer dem Murmeltier
Schlafaugen Faultier
das die ganze Pracht
(Hawaiblumen inklusive)
auf dem Kopf sieht

feuchte Wärme feuchte Düfte
fruchtige Süße
klebriger Vogelgesang
unerreichbarer Höhen
zungenschnalzend
schmeckend
erwachend in
paradiesischer Nacht.

FUGTIG VARME

I den paradisiske nat
hvor ingen sover
bortset fra murmeldyret
dovendyret med soveøjne
som ser hele herligheden
(hawaiblomster inklusive)
på hovedet

fugtig varme fugtige dufte
frugtrige sødme
klæbrig fuglesang
uopnåelige højder
smældende med tungen
smagende
opvågnende i
den paradisiske nat.

VICTORIA VICTORIA

Victoria Victoria
Königin der Sümpfe
Königin der Wasser
der Tiefen feuchter Dämpfe
lockend bei Nacht
mit Blüten
die sich vor Sonnenuntergang schon
schließen und Gefangene hält
bis zur nächsten Nacht
dann
wird man freigelassen
und zieht weiter
zur nächsten
Victoria Victoria.

VICTORIA VICTORIA

Victoria Victoria
sumpenes dronning
vandenes dybdernes
og dampenes dronning
lokkende i natten
med blomster
som allerede inden solopgang
lukker sig og holder gidsler
til næste nat
så
bliver man løsladt
og drager videre
til den næste
Victoria Victoria.

FISCHE ZITTERN

Um Victoria schwimmen Fische
Tigerhaie en miniatur zittern
gestreifte Stichlinge Winzlinge
spielen Versteck

der Fische Dach ist Spielzeug
aus Glas und Metal
ein Netz aus Adern und Haut
hauchdünn

ein Treibhausdach
wie damals 1851
als ein Gärtner
den Crystal Palace entwarf

von ihr eben inspiriert
Victoria Victoria.

FISKENES SITREN

Omkring Victoria svømmer fisk
tigerhajer i miniature sitrer
stribede hundestejlere
leger gemmeleg

Fiskenes tag er legetøj
af glas og metal
et net af årer og hud
spinkelt og tyndt

et drivhus tag
som dengang i 1851
da en gartner designede
Crystal Palace

inspireret af netop hende
Victoria Victoria.

KLEINE FISCHE

Kleine Fische schwimmen
unter der Kuppel aus Glas
Luftblasen fangen am Himmel
aus Spaß und Zeitvertreib
an zu platzen

doch Wellenringe lassen die Kugel erzittern
gläserne Flächen sich verbiegen
sternförmiges Gerippe und Balken
erschüttern zerbrechen

das Victoria-Treibhaus stürzt ein
auf der Wasseroberfläche
sich spiegelnd.

SMÅ FISK

Små fisk svømmer
under en kuppel af glas
luftbobler på himlen
starter som rent tidsfordriv
med at briste

men ringe på vandet lader kuplen sitre
flader af glas bøje sig
stjerneformet skelet og bjælker
knække og styrte i grus

Victoria drivhuset styrter sammen
det hele gengivet
af vandets spejl.

SEEROSEN

Ein Architekt kam und sah
die Blätter der Victoria Seerose
ihre Größe ihre riesige Fläche
hauchdünnen Blattes, Adern & Haut
aufgespannt, tellergleich, auf Wasser

er dachte, so stark so flexibel
etwas zu bauen
sie nachzuahmen, die Natur

und er baute
da er Architekt auch war
und Weltausstellung bevorstand
ein Haus mit
Adern aus Holz, Haut aus Glas
ein glitzerndes Treibhaus aus
Luft eine Fatamorgana
von Reichtum und Stolz
er baute

Crystal Palace.

ÅKANDER

En arkitekt kom og så
Victoria åkandens blade
deres størrelse
deres kæmpe flade
af tynde blade
årer og hud spændt ud
en tallerken på vand

at bygge noget så stærkt
så fleksibelt, tænkte han,
at efterligne den, naturen

og da verdensudstillingen kom
opstod der under hans hænder
et hus med årer af træ, en hud af glas
et glitrende drivhus af
luft et fatamorgana
af stolthed og rigdom
han byggede

Crystal Palace.

WURZELWELT

Wurzeln ziehen, saugen
Träume an die Oberfläche, feuchte
Phantasiefiguren materialisieren sich
werden zu Mangroven, Sümpfen
leben weiter am Licht, halb skuril
da sie aus Träumen zumindst halbwegs
noch bestehen, leben mit Gezeiten auf und ab
Salz unter anderem, das sie durch Blätter
später abstoßen in Zeitnot Salznot
Morgenrot Morgentot kribbelnde Tierchen
die ihr Blätterdach beleben darin kriechen
sich vor Wasser Träumen retten leben wollen.

RØDDERNES LIV

Rødder trækker, suger
drømme op til overfladen, fugtige
fantasifigurer materialiserer sig
bliver til mangrover, sumpe
lever videre i lyset, halvvejs skøre
endnu halvvejs drømme
lever med tidevandets salt
i tidsnød saltnød morgenrød morgendød
kriblende dyr levendegør bladtaget
og kravler deri vil redde sig
fra vandets druknende drømme.

ZIKADENGEZIRP

flaschengrün durchsichtig grasfarben
duftig luftig schmeckend belebend
dschungelverfärbend verlockend zikaden
gezirp und violen der nächte der feuchten
endlosigkeit summen im untergrund
herannahende eleganz und leichtigkeit
gentlemanfeinheit in andeutungen
zierliches erwidern sanftes gleiten nach
und nach nachgeben rutschen wollen
in dunklen augen verschwinden.

CIKADESANG

flaskegrøn græsfarvet transparent
duft og luft smagende livgivende
junglefarvende lokkende cikadesang
og violer i natten fugtighed
i uendeligheden summen i undergrunden
elegance og lethed nærmer sig
gentlemanfinhed antydes
et sart svar gives en blid gliden lidt
efter lidt en given efter og rutchen og
forsvinden ind i nogens mørke øjne.

MUSCHELBLUMEN

Schallplattenrand dreht sich
sehnsuchtsvoll daraus
und unsichtbar
erheben sich Blüten
Schmetterlinge winzig weiß
doch tausendfach
in die lichten Lüfte des Mai

Hoffnung ist da
unten schweben
Muschelblumen sachte am Boden
auf dem Spiegel des Wassers
und führen Knospen
im Herzen.

MUSLINGEBLOMSTER

Grammofonpladen drejer sig
længselsfuldt usynligt
ud fra den rejser blomster sig
sommerfugle hvide bittesmå
i tusindvis
i majmånedens lette luft

nede ved jorden
håbefuldt svævende er
muslingeblomster på vandets spejl
og bærer sagte små knopper
i hjertet.

GRÜNE ILLUSIONEN

Runde grüne Illusionen
liegen oben schwimmen simmern
lichtern erheben sich schweben
Fatamorgana

Prinzessinnen tragend versagen nicht
horizontalen Gedenken Erinnern
eines Daseins
im Innern der Blüte

ungeboren
und neu.

GRØNNE ILLUSIONER

Runde grønne illusioner
ligger foroven svømmende simrende
løfter sig lysende svævende

et fatamorgana
ud fra minder og erindringer
om en anden tilværelse
danner en prinsesse sig
i blomstens indre

ufødt
og ny.

ORANGERIE

Gelb und palmenartig
wie im Traum
Orangerie bevölkert
von Wesen, Figuren
und Schaum.

Ich sah' dieses Bild
schon einmal im Traum
ein Schloß mit Palmen
gelber Orangerie mit Glas
und innen
feuchter Wärme
Geschäftigkeit Café
der alten Zeiten, Kolonien.

Jetzt steht es hier
als Museum dieser Zeit
und die einzigen Laute
sind Blätterrauschen
Stieglitzsang.

ORANGERI

Gul og palmeagtig
som i en drøm
et orangeri befolket
af væsner og figurer.

Jeg har set dette billede
en gang før i en drøm
et slot med palmer
et gult orangeri af glas
indeni
fugtig varme
travlhed i de gamle
kolonitiders café.

Nu står det her
denne tids museum
og de eneste lyde
er blades raslen
og stillidsers sang.

AUSFLUG NACH UNGARN

Der Weißdorn blüht
an den Straßen
auf dem Weg in den Süden
und im Café
bleibt die Zeit stehen
daß man es hören kann
und im Hintergrund
Musik.

UDFLUGT TIL UNGARN

Hvidtjørnen blomstrer
langs gaderne
på vej sydpå
og i caféen
går tiden i stå
så man kan høre det
og i baggrunden
musik.

APFELGÄRTEN

Apfelgärten schattengrün
Buntspechtklopfen
in warmer Stille.

Von ganz weit her
spielt ein Klavier
von Noten aus Wind
und einer Melodie
aus Papier.

ÆBLEHAVER

I grøn skygge
æblehaven
flagspættetrommen
i den varme stilhed.

I det fjerne
spiller et klaver
af vindens noder
og danner en melodi
af papir.

SCHWERTLILIENHONIG

Schwertlilienhonig
Baumblütenmeer
weißer Düfte
Pappelalléen
Weißweinplantagen
schwindelnden Reihen
die Keszthelyiberge hoch
mit goldgrünen Vögeln
Pirolengesang.

IRISHONNING

Honning af gul iris
træernes blomsterhav
dufter hvidt
poppelalléer
hvidvinsplantager
i svimlende rækker
op ad Keszthelybjergene
gyldengrønne fugle
pirolernes sang.

TOKAJA

Tokaja-Trunk
der goldenen Trauben
noch staubt es um dich
auf Balatonfeldern,
bald wirst du genossen
auf Burgen und Schlössern
von Prinzen und Dichtern
von Damen und Musen:
der Weißwein
der ungarischen Berge.

TOKAJ

Tokaj-drik
af gyldne druer
endnu støver det omkring dem
på Balatonmarker,
men snart bliver den nydt
på borge og slotte
af prinser og digtere
af damer og muser:
hvidvin fra de
ungarske bjerge.

APFELBÄUME GRÜNE

Apfelbäume grüne
Pferde schwanken
süße Glocken
Blumen ranken

kleine Mädchen aus gestriger Zeit
schaukeln so langsam
und trotzdem holt sie keiner
mehr ein.

ÆBLETRÆER GRØNNE

Under æbletræerne
har heste deres gang
med søde klokker
blomsterne klatrer

fortidens småpiger
gynger så langsomt
og alligevel er der ingen
der indhenter dem mere.

TAUBENFALTER

Taubenfalter Schnabelwalther
Flügelwesen früherer Zeit

tragen Träume mit als Schuppen
rieseln auf uns alle herab

landen schwebend auf den Köpfen
kleiner Kinder unserer Zeit.

NATSVÆRMEVINGER

Fortidens vingede væsner
fra natsværmerens verden

bærer drømme som drageskæl
der drysser ned på os alle

lander svævende på hovederne
af de små børn der er til i denne tid.

HERZFÖRMIGER GRABSTEIN

Butterblumen im Gras
am Grabstein der schönen
Zofia

Aus Liebe zu ihr
schuf der Steinmetz
den Grabstein
in Herzform

aus Liebe zu ihr.

HJERTEFORMET GRAVSTEN

Smørblomster i græsset
ved den smukke Zofias
gravsten.

Af kærlighed til hende
skabte stenhuggeren
en hjerteformet gravsten

af kærlighed til hende.

EFEU RANKT SICH

Efeu rankt sich
Füße hoch
und Sauerklee
wächst auf Gesichtern

ein grünes Universum
atmet
und der Mensch
ist nur Gast.

EFEU RANKER SIG

Skovsyre vokser
ved gravstenens fødder
og efeu ranker sig op
over ansigtet

et grønt univers
ånder
og mennesket
er kun gæst.

III

KOS

KOS

III

FINDELKATZENKINDER

Katzenschinder Findelkinder
kullern sich in duftendem Laub

Nadeln Palmen Oleandergestreu
ist Turistenort und Nest zugleich

kunterbunte schwarzweiss rote
magre Häute Fell und Staub

man bittet um Spende
zur Erhaltung (der Qual)

dieser Seelen.

HITTEKILLINGER

Kattemishandlere hittekillinger
leger i det farvede løv

nåle palmer oleanderkrat
er turistattraktion og rede på én gang

brogede sorthvide røde
mager skind og pels og støv

man beder om en donation
til bevaring af disse sjæle(s

lidelse).

MOSAIK

Unter Füssen und Sand
da springen Delphine

aus Mosaiken hervor
vereinen sich zur Insel Kos.

Mit einem Sprung nur
wäre sie drüben

auf asiatischem Grund
sie mag aber das Wasser

und bleibt
wo sie ist.

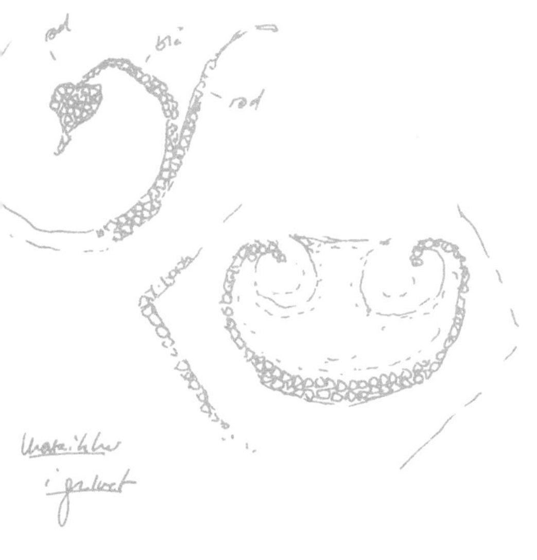

MOSAIK

Under fødder under sand
da springer delfiner

ud af mosaikkerne
forener sig til øen Kos.

Med et spring bare
ville hun være derovre

på asiatisk jord
men hun kan lide vandet

og bliver
hvor hun er.

BAUMGIGANT

Ganz sicher ist unter diesem Baum
schon jemand gestorben

ganz sicher
ist er im Atlas erwähnt

ganz sicher
haben manche schon unter ihm geweint

ihr Salz
trägt bei zu seiner Härte

vereint sich mit der See
tief unter ihm

im Meeresgrund.

TRÆKÆMPE

Helt sikkert er der nogen
der har mistet livet under dette træ

helt sikkert er det
indtegnet på gamle kort

helt sikkert er der mange
der har grædt under det

øens salt
bidrager til dets hårdhed

forener sig med havet
dybt under det

på havets bund.

BAUMWURZELWELT

Wurzeln wie solche

sind Treppen für Kinder, Oliven und
Spielen in unendlichen Kronen
Grünsein und rund

Wurzeln wie solche

ziehen aber auch
in den Boden
aus Sehnsucht zum Wasser
Sehnsucht nach Meerjungfrauen
mit wehendem Haar
in blaublauer See.

heden af stranden

TRÆRØDDERNES VERDEN

Sådanne rødder

er som trapper for børn, oliven
og leg i uendelige kroner
en grøn og rund væren

sådanne rødder

trækker dog også
ned i jorden
af længsel efter vandet
længsel efter havfruer
med flagrende hår
i det blåblå hav.

BLÜTENWELT

Blühender Oleander Hibiskus
Bougainvillea und Palmen

ihre Düfte schweifen
an weissen Laken vorbei

sind blau und rosa und weiss
etwas staubig wie auch

meine Träume.

BLOMSTERVERDEN

Blomstrende Oleander Hibiskus
Bougainvillea og palmer

deres dufte svæver
forbi de hvide lagener

er blå og rosa og hvide
lidt støvede som også

mine drømme.

WÄRME UND STAUB

Staub liegt in der Luft
lässt alles verschwimmen

versieden in antiken Helden
Geschichten Nebel letzter Sonne

liegt über den Bergen Licht zieht sich
zurück wird zu Pfirsichen Engeln

überlässt Berge sich selber und
trockengrünen Farben

türkischen Flaggen und Booten.

VARME OG STØV

Støv ligger i luften
lader alt svømme

og syde i antikke helte
historier den sidste sols tåge

ligger over bjergene lys trækker sig
tilbage bliver til ferskner og engle

overlader bjerge til sig selv og
tørtgrønne farver

tyrkiske flag og både.

Den tyrkiske kyst -
næsten til at røre ved

DIE NÄCHTE AUF KOS

Die Nächte auf Kos sind schwarz
wie blauer Samt

Mantel Haut aus schweren Düften
lagert sich auf allem nieder

lullt einen ein und betäubt
lässt Nähe spüren zur Türkei

Kleinasien Traumland ebenfalls
durchdringt nur: ein Zirpen, regelmässig

von Zikaden, versteckt in der Nacht
zwei Lichter, rot und weiss

vom Berg.

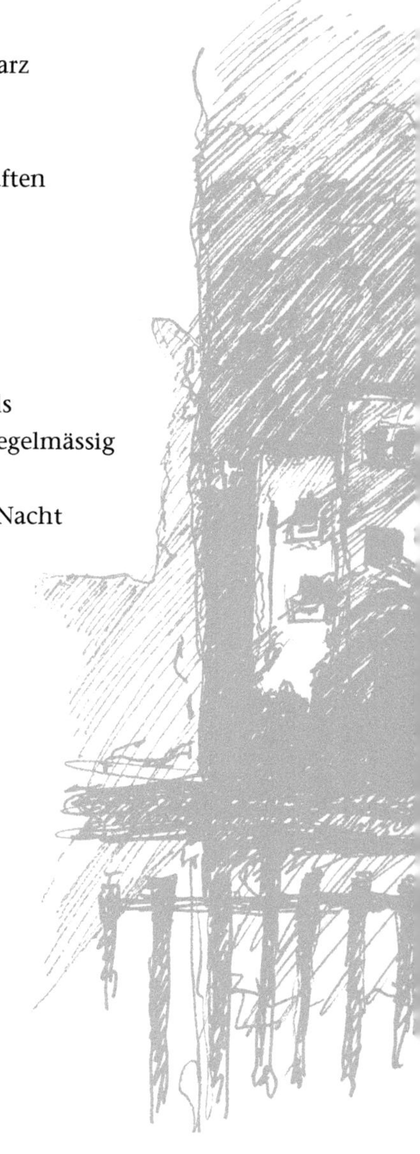

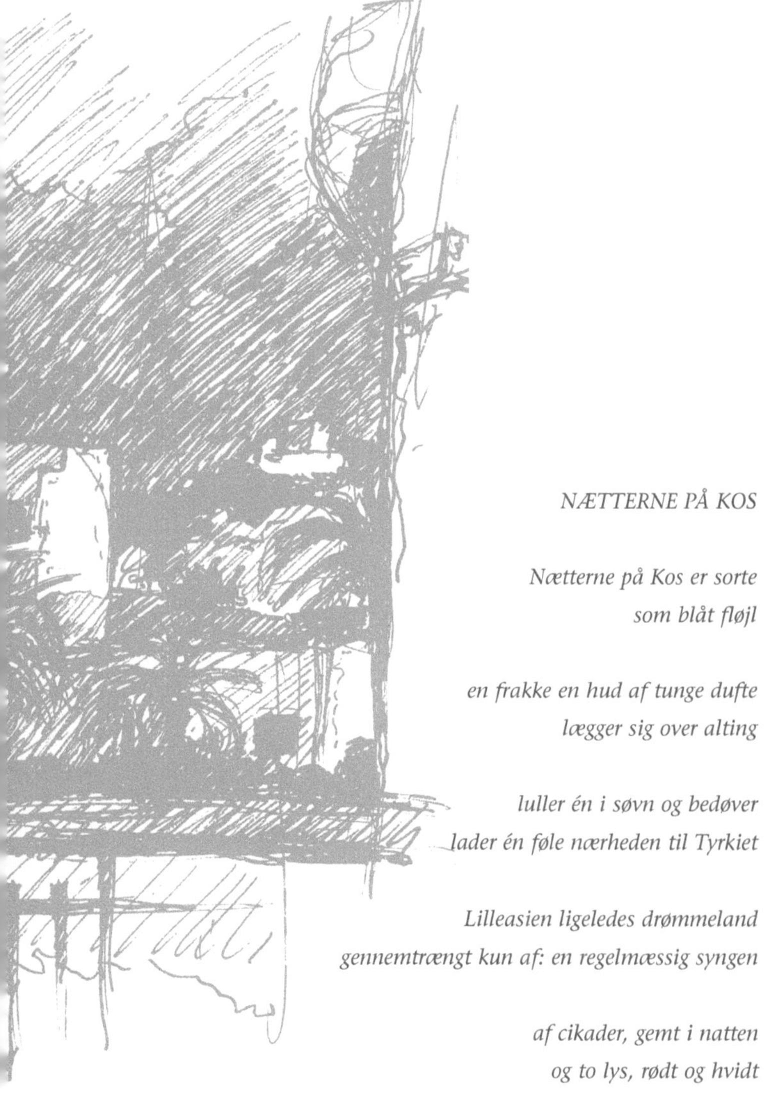

NÆTTERNE PÅ KOS

Nætterne på Kos er sorte
som blåt fløjl

en frakke en hud af tunge dufte
lægger sig over alting

luller én i søvn og bedøver
lader én føle nærheden til Tyrkiet

Lilleasien ligeledes drømmeland
gennemtrængt kun af: en regelmæssig syngen

af cikader, gemt i natten
og to lys, rødt og hvidt

fra bjerget.

MOND UND BROT

Kleines Licht, einsam im Dunkel
ruft in dieser Nacht

den Mond hervor
rund und gelb genauso

wie es selbst
Oliven, Brot und Wein

Obst und griechischer Salat
davon könnte man leben

eine Weile.

MÅNE OG BRØD

Lille lygte, ensom i mørket
kalder i denne nat

månen frem
rund og gul ligesom

lyset fra lygten
dertil oliven, brød og vin

frugt og græsk salat
af det kunne man leve

et stykke tid.

MOND UND APFELSINEN

Er bewegt sich, er duftet schwer
nach Apfelsinen, Frucht und Melonen

er bewegt sich mit 1000 Schritten
er erhebt sich

steht hoch am Himmel
träufelt Saft in unsere Augen

er erregt die Leute
das muß es sein

er muß es sein
der uns wahnsinnig macht

heute Nacht.

MÅNE OG APPELSINER

Den bevæger sig, den dufter tungt
af appelsiner, frugt og meloner

den bevæger sig med 1000 skridt
den stiger op

står højt på himlen
drypper saft i vore øjne

den ophidser folk
det må være dét

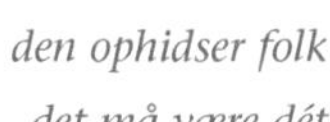

det må være dén
der gør os vanvittige

i nat.

VERBRANNTE ERDE

Weisse Säulen Ruinen
verbrannte Erde und Gras.

Das ist, was übrig ist von alten Kulturen
Geschichten, Legenden, Mythen und Wissen

ein paar überlebende Dekorationen sind
im Museum untergebracht.

(WIE unterscheidet man, identifiziert man
ein gefundenes Gesicht als Hermes, Herakles

Hippokrates, Asklepios, Dionysos
alle mit Bart und grimmiger Miene

oder Aphrodite, Demeter, Nike, alle gross und
schlank, in Gewändern mit Falten und Schleifen?)

WARUM verbindet man mit damals das "Ur-Leben"
Ur-Erleben, das richtige, ehrliche, direkte Leben

das heutige als "vom Weg abgekommen"
zerstreut, künstlich und Kitsch?

Weil es so ist? Oder nur als Illusion
wird es immer so sein?

Wenn aber - wie kommen wir “zurück”,
zu Qualität statt Quantität

Bescheidenheit und Meditation
Abschalten, meditieren

Obst essen, gesund leben
den Körper achten

WERTE
in unserer wertelosen Gesellschaft

Verantwortung eines jeden selbst
ein paar davon beim Überleben zu helfen.

BRÆNDT JORD

Hvide søjler og ruiner
brændt jord og græs.

Det er, hvad der er tilovers af gamle kulturer
historier, legender, myter og viden

et par overlevende dekorationer
er deponerede på museet.

(Hvordan ser man forskel, identificerer
et fundet ansigt som Hermes, Herakles

Hippokrates, Asklepios, Dionysos
alle med skæg og grimt humør

eller Afrodite, Demeter, Nike, alle store
og slanke, i gevandter med folder og sløjfer?)

HVORFOR forbinder man livet dengang med et "ur-liv"
ur-oplevet, det ægte, ærlige, direkte liv

og livet i dag med det, der er "kommet på afveje"
forvirret, kunstlet og kitsch?

Fordi det er sådan? Eller kun som illusion
fordi det altid vil være sådan?

Men hvis nu - hvordan kommer vi "tilbage"
til kvalitet i stedet for kvantitet

beskedenhed og meditation
slappe af, meditere

spise frugt, leve sundt
passe på kroppen

VÆRDIER
i vores værdiforladte samfund

det må være enhvers ansvar at hjælpe
nogen af dem til at overleve.

HAFENIMPRESSIONEN

Tentakel regen sich
hängen wütend rot und grün

über Leinen zum Verkauf
fiedrige Arme schwingen in der Luft

rascheln hell und dunkel
in Schattenspiel vertieft

warme Luft wogt über Wellen
Wolkenbrandung Tagesrhythmus

von Insekten mitmusiziert.

HAVNEINDTRYK

Tentakler flytter på sig
hænger vredt rødt og grønt

over snore til salg
smidige arme svinger i luften

rasler lyst og mørkt
fordybet i skyggespil

varm luft bølger over bølgerne
skyernes brænding dagenes rytme

akkompagneret af insekter.

BALZ

Blecherne Glocken
schlagen sechs

Tauben fliegen auf
und lassen sich fallen

schon gleich wieder
zum Balzflug bereit

man wacht wieder auf
vom Nachmittagsschlaf

und ist bereit
für die Nacht.

FUGLEFRIERI

Klingende klokker
slår seks

duer flyver op
og lader sig falde

allerede klar til
at gøre kur igen

man vågner op igen
fra eftermiddagssøvnen

og er klar
til den næste nat.

BERNSTEINAUGEN

Orangene Katzen
Bernsteinaugen aus Hunger geformt

gelbes Laub des Oleander
vor dem Fusse einer Burg

es flimmert wie immer
zu Glockengeläut

Priestern blauweissen Fahnen
und griechischer

Gelassenheit.

ØJNE AF RAV

Orangefarvede katte
øjne af rav formet af sult

oleandertræets gule løv
for foden af en borg

det flimrer som altid
til klokkernes klingen

præsterne blåhvide flag
og den græske

afslappethed.

ORANGENDUFT

Orangenduft
und gelber Wein

Mond als Ebenbild dazu
wärmt unsere Finger

in samtener Nacht.

ORANGEDUFT

Duft af orange
og vinen er gul

dertil månen som spejlbillede
der varmer vores fingre

i en fløjlsblød nat.

OPIUMMOND

Apfelsinenpresse und muntere Türme
Schalen fallen davon herab

dem Volke auf die Köpfe
der Chef vom Turm ist bestürzt

lässt Delphine regieren
Ameisen walten

und legt sich nieder
zu Opium und tiefem Schlaf

Mond und Sterne wehen
von droben Rot besiegt blau

Marmelade mit Wasser und Kaffee
als neuer Brauch

zusammen mit
Retsina und Olivengrün.

OPIUMMÅNE

Appelsinpresse og muntre tårne
skaller falder derfra

i hovederne på folk
tårnets chef er bestyrtet

lader delfiner regere
og myrer krybe

og lægger sig ned
til opium og dyb søvn

måne og stjerner vajer
oppefra rødt besejrer blåt

marmelade med kaffe og vand
bliver den nye skik

sammen med
retsina og olivengrøn.

STAUBIGES GRÜN

Staubiges Grün auf trockenem Rot
fliegende Erde in schwimmender Luft

blauweiss sind Fahne und Häuser der Griechen
wie um sich abzusetzen von Erde und Land

denn Wasser und Meer geben ihm Leben
machen Überleben erst möglich

geben Nahrung (gebratene Maridos)
Erquickung und Wein

Zikaden Grillen Heuschrecken?
Anschwellen abschwellen

hypnotisierendes Zirpen
versteckt im Gebüsch

unter Hibiskus und Feigen
Granatäpfeln

auch diese schwellen an
bereiten sich auf Ernte vor

die NACH dieser Hitze kommt.

STØVET GRØNT

Støvet grønt på tørret rødt
flyvende jord i svømmende luft

blåhvid er grækernes flag og huse
som kontrast til jordens farve

fordi vand og hav giver dem liv
gør overlevelse mulig

giver næring (stegte maridos)
opkvikning og vin

cikader fårekyllinger græshopper?
Lyden svulmer op og svinder ind

en hypnotiserende piben
gemt i krattet

under hibiscus figner
og granatæbler

også disse svulmer op
forbereder sig på høst

som ventes EFTER denne hede.

PALMENGRÜN

Weiss ist der Schlaf
in diesen Stunden

eierschalenfarbig Gardinengeflimmer
gelb fällt das Licht des Nachmittages herein

blau fällt der Himmel durch
geschlossene Augen

das alles vermischt sich
unterm Balkon

zu Palmengrün
und jungen Zitronen.

PALMEGRØN

Hvid er søvnen
i disse timer

æggeskalsfarvet gardinflimren
gul falder eftermiddagslyset herind

blåt falder himlen ind
gennem lukkede øjne

alt dette blander sig
under altanen

til palmegrøn
og unge citroner.

ÜBER DIONYSOS

Dionysos (altgriechisch Διονυσος, latinisiert Dionysus) ist in der griechischen Götterwelt ein Gott des Weines, der Freude, der Trauben, der Fruchtbarkeit, des Wahnsinns und der Ekstase (vgl. die Dionysien). Er wurde von den Griechen und Römern wegen des Lärmes, den sein Gefolge veranstaltete, auch noch Bromios (Lärmer), Bakchos oder Bacchus (Rufer) genannt. Er wurde oft mit Iakchos gleichgesetzt und ist der jüngste der großen griechischen Götter. In der Literatur und Poesie wird er auch oft als Lysios und als Lyäus (griechisch Λυαιος), der Sorgenbrecher, aber auch als Anthroporrhaistes, als Menschenzerschmetterer bezeichnet.

OM DYONYSOS

Dionysos (oldgræsk Διονυσος, latiniseret Dionysus) er i den græske gudeverden guden for vin, glæde, druer, frugtbarhed, vandvid og ekstase (sammenlign med Dionysierne). På grund af den larm, han og hans følge forårsagede, blev han af grækerne og romerne også kaldt Bromios (den larmende), Bakchos eller Bacchus (den kaldende). Ofte blev han ligestillet med Iakchos og er den yngste blandt de store græske guder. I litteraturen og poesien bliver han også ofte betegnet som Lysios og som Lyäus (græsk Λυαιος), den, der får dig til at glemme, men også som Anthroporrhaistes, den, der smadrer menneskerne.

(wikipedia)

BIOGRAFIE

Ulla Conrad

Geboren in Niebüll 1973

Lebt in Gammel Holte, Dänemark

Ausbildung

Grafischer Designer 1997

Ausstellungen

1996	"Åben Udstilling", BaneGården, Aabenraa
1997	"Åben Udstilling", BaneGården, Aabenraa
1998	Café Vognporten, Aalborg
2000	Sønderjyllands Amt, Aabenraa
2003	"The Fragments of Life", 12 Gedichte zur Fotoausstellung von Photograph Semko Balcerski, Øksnehallen, København
2003	Café Bankeråt, København
2004	Gentofte Kinos Kunstgalleri, Gentofte
2005	Humlebæk Bio, Humlebæk
2006	VELUX A/S, Hørsholm
2007	Hørsholm Sygehus, Croquisausstellung mit Verein "Aktiv Kunst"
2008	Klinikken ved Søerne, København
2009	"Aktiv Kunst", Hørsholm
2010	"Aktiv Kunst", Hørsholm
2011	"Aktiv Kunst", Hørsholm
2019	"Aktiv Kunst", Hørsholm

BIOGRAFI

Ulla Conrad

Født i Niebüll, Tyskland, 1973

Bor i Gl Holte, Danmark

Uddannelse

Grafisk Designer 1997

Udstillinger

1996	*"Åben Udstilling", BaneGården, Aabenraa*
1997	*"Åben Udstilling", BaneGården, Aabenraa*
1998	*Café Vognporten, Aalborg*
2000	*Sønderjyllands Amt, Aabenraa*
2003	*"The Fragments of Life", 12 digte til fotoudstilling af fotograf Semko Balcerski, Øksnehallen, København*
2003	*Café Bankeråt, København*
2004	*Gentofte Kinos Kunstgalleri, Gentofte*
2005	*Humlebæk Bio, Humlebæk*
2006	*VELUX A/S, Hørsholm*
2007	*Hørsholm Sygehus, Croquisudstilling med kunstforeningen "Aktiv Kunst"*
2008	*Klinikken ved Søerne, København*
2009	*"Aktiv Kunst", Hørsholm*
2010	*"Aktiv Kunst", Hørsholm*
2011	*"Aktiv Kunst", Hørsholm*
2019	*"Aktiv Kunst", Hørsholm*